U0001924

明日●之書

什麼是民主

CÓMO PUEDE SER LA DEMOCRACIA

明日●之書

什麼是民主

CÓMO PUEDE SER LA DEMOCRACIA

文字與構思

育苗團隊
Equipo Plantel

繪　者

瑪爾妲·碧娜
Marta Pina

譯　者

張淑英

在閱讀
本書之前——

給讀者

　　《什麼是民主》是【明日之書】系列中的一本，專為兒童讀者編寫。這套書最早在1977年和1978年由西班牙的喜鵲科學出版社出版。當時西班牙的獨裁者佛朗哥*才剛逝世兩三年，整個國家經歷了一段過渡時期，在邁向民主的路上，有了最初的改變。

　　從那時到現在，雖然已經過了四十多年，但半頭牛出版社認為這套書的精神和大部分文字並沒有過時，因此決定搭配新的插畫，重新出版。文字部分只稍微更動了一些逗號（我們不能說連個標點符號都沒動），但是內容部分保持原貌。基本上，書中的理念和言論仍然適合現代閱讀，書末的問答也一樣。新版只在繪本的最後加上後記，補充說明這四十年來的變化。

　　這個系列原來的名稱是【明日之書】，新版也使用原名。如果我們能夠懂得這本書中所談論的事而不覺得驚訝，顯然是因為那個「明日」還不是「今日」。但我們希望那個「明日」很快到來。

*佛朗哥（Francisco Franco，1892–1975）於1975年11月20日逝世。原本葬在馬德里近郊的大十字架烈士谷（Santa Cruz del Valle de los Caídos），下葬近四十四年之後，2019年10月24日遷葬至首都馬德里以北，距離十三公里處的帕爾多－明哥魯比歐公墓（El Pardo–Mingorrubio）。

民主就像一種消遣娛樂，
是所有人都可以玩的遊戲。

在民主制度下，人們可以

    ——愛怎麼想，就怎麼想；

    ——愛說什麼，就說什麼；

    ——愛跟誰在一起，就跟誰一起聚會。

因為每個人都參與，

所以每個人都可以做決定。

和所有的遊戲一樣，民主這種遊戲，也有一些規則。
參與的人就要遵守。

因為民主的遊戲是大家一起完成的，所以在完成之後，
大家要同意眾人的決定。

為了遊戲，於是就會舉辦一些選舉：
想法一致或是做法類似的人，就會靠攏，形成一個團體。
想法不一樣的人，也會聚在一起。

那些既不同意這邊、也不同意那邊的人，
同樣也會成群在一起。

每一個團體組成一個政黨。

政黨就代表整個國家所想、所要，

或是所追求的事。

所有政黨都希望能完成他們認為最重要的事。

有些人認為最重要的是：
    ——讓所有的人都有工作。
    ——讓所有的人生活條件盡量相同。

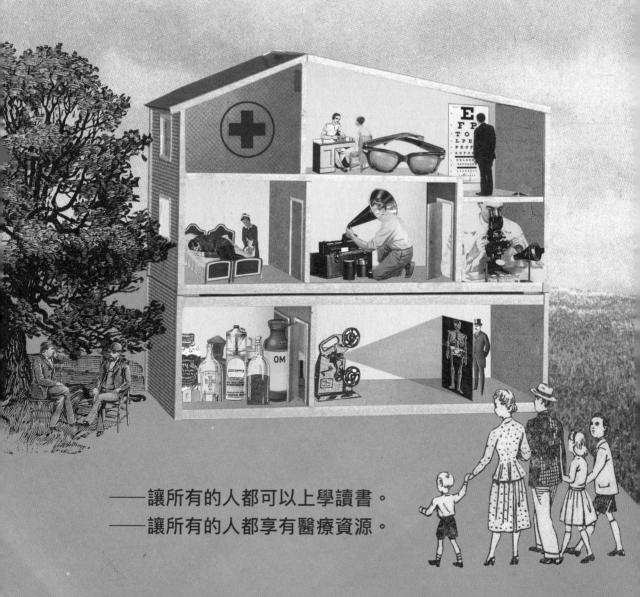

    ——讓所有的人都可以上學讀書。
    ——讓所有的人都享有醫療資源。

但有些人認為更重要的事情是：
　　──讓國家更富有。
　　──讓國家發展更快。
　　──讓企業更強大，創造出更多就業機會給大家。

甚至，也有人認為更重要的是：
　　——要讓銀行更壯大。
　　——只讓那些付得起學費的人讀書。

——設禁獵區，限制狩獵和捕漁。

——改善每個人的居住環境。

每一個國家都會有保守派和激進派。

每一個人都會參與或投票給他們最喜歡、最認同的政黨。

政黨會向大家發表政見，好讓大家做決定：
由哪個人或哪些人來執政。
因此就必須有選舉。

大家都要參與。大家都要投票。
（嗯！有些國家是十八歲以上，有些是二十歲或
二十一歲以上的成人才有投票權。）

投票是一種權利，也是一種義務。

政府是大家選出來的，因此大家也要接受政府執政時所做的事。

當政府執行政策的時候，
人們會漸漸發現正確的事情和錯誤的事情。

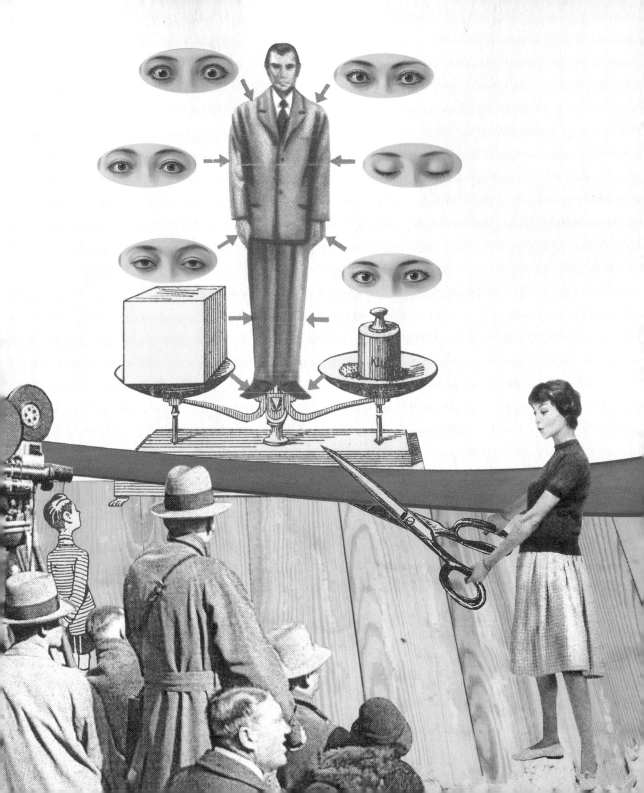

人們會留意那些執政的人是不是誠實正直、
是不是真正的民主人士，
或者只是裝模作樣而已。

因為身為民主人士，
要懂得妥協、平等、公正，
要贏得光彩，或者雖敗猶榮。

這麼一來，四年或幾年之後，人民就可以透過選舉，
選擇另一個他比較喜歡的政黨。

所以，吸收正確的資訊，對人們來說很重要。

還有，必須由所有人來共同監督一切，
而不是讓一個人來監督所有人。
因為，要矇騙人民是很容易的，
比方說，花言巧語、撒錢拉攏，
以及，給人民一堆無法實踐的承諾。

所有的政黨都會參與管理政府：
有些政黨有比較多的代表人，
有些政黨的代表人比較少。
那些有比較多代表人的，是因為他們
比其他政黨贏了更多的選票。

民主就像是一種消遣娛樂，每個人都可以玩。

而且是自由自在的玩。

關於民主，我覺得……

1. 你覺得民主最好的是什麼？

    A. 自由

    B. 大家共同決定所有的事情

    C. 尊重所有人的意見

答：_____

2. 你覺得，民主之所以能存在，哪一個因素最重要？

    A. 有自由

    B. 有選舉權

    C. 有政黨

答：_____

3. 你認為在民主的制度下，應該由誰來當領導？

    A. 讓某一人來領導

    B. 讓所有人一起領導

    C. 不要有領導人

答：_____

4. 你比較不喜歡民主制度裡的哪件事?

   A. 少數人必須遵從多數人所決定的事

   B. 必須等待下次選舉才能重新選擇

   C. 每個人都暢所欲言,沒有人可以制止

答:_____

5. 你覺得一個國家有民主,就可以運作得很好嗎?

   請寫下你的意見。

答:_____

_____

_____

_____

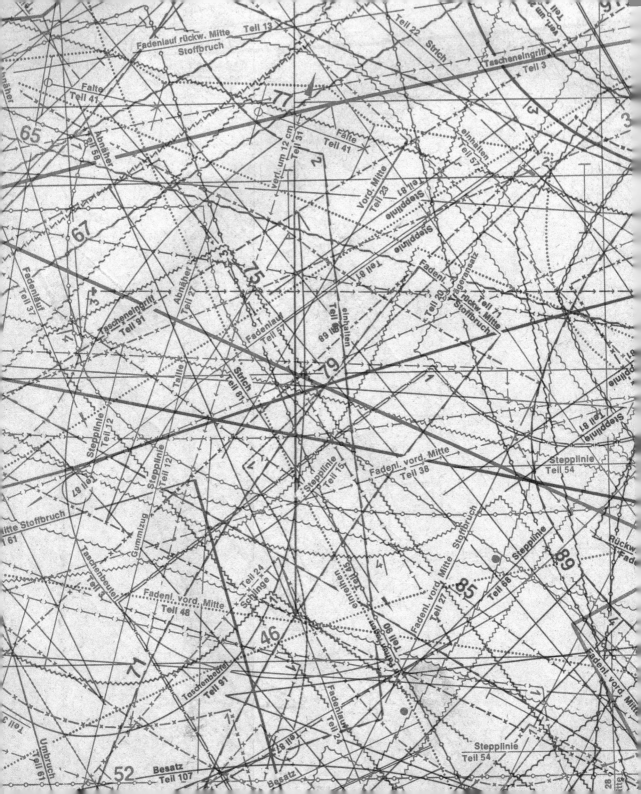

民主的昨日與今日

　　這本書從第一次出版到現在，已經過了四十年。1977年讀到這本書的小朋友，當時應該是八歲或十歲，如今他們都已經是成年人，而且也已經投票或選舉過許多次了。當時的小朋友，現在可能是你的父母親或是叔伯阿姨！儘管時光流逝，這本書裡所說的事，和當今的情況，變化並不大。當然，這本書裡對某些事情的討論，可能被簡化了，但這本書最重要的，並不是要解釋政黨是如何運作、選舉投票或者國會的功能，而是要討論民主的理念。民主的意義在於參與，以及全體民眾的努力。

　　就像這本書裡說的，民主可以比喻成一場遊戲，但它並不是一場有些人贏、有些人輸的遊戲，而是一場每個人都是贏家的遊戲。大家贏得了什麼呢？我們所贏的那個東西，多數時間裡都沒被好好珍惜，只有在失去時才懷念，那就是：選擇的自由──選擇我們所生存的這個世界，應該是什麼樣子；我們應該怎麼做，才能和平友善的和鄰居共享這個世界。

　　民主不是從政的人才能占有的東西，也不是獲得以後就沒事了：每一天，每個國家（那些由人民自由做決定的國家），都可以增進並改善民主的水準和品質。我們必須學習一起合作，以便做出最好的決定，然後慢慢的朝向正確的方向邁進。

作者簡介

育苗團隊
Equipo Plantel

「育苗團隊」共有三名成員，由一對夫妻及一位年輕女孩組成。先生是經濟線記者，太太是來自阿根廷的教師，兩人婚後住在馬德里。年輕女孩是這對夫妻的好朋友，也是一名經濟系的學生。三位作者經常聚集在年輕女孩的家裡聊天發想，一起做菜，也一起寫下【明日之書】系列。1977年底，該系列首次在西班牙出版，距離西班牙獨裁者佛朗哥逝世不過兩年。佛朗哥死後，四十多年來的獨裁政權終結，西班牙終於往自由的方向邁進。在此之前，想在雜誌上看到各式各樣的主題探討，以及為年輕人出版關於政治及社會問題的書籍，幾乎是不可能的事。在媒體及書籍出版方面，「育苗團隊」的成員有各種合作，但唯有【明日之書】是三人以團隊之名共同出版的。

譯者簡介

張淑英

馬德里大學西班牙＆拉丁美洲文學博士。2016年膺選西班牙皇家學院外籍院士。2019年起為西班牙王室索利亞伯爵基金會通訊委員。中譯《世界圖繪》，《佩德羅‧巴拉莫》、《紙房子裡的人》等十餘部作品。

譯者的話：這是我首度翻譯童書繪本，讓我回想起陪伴兩個女兒成長、為她們講故事的歲月。我也很開心能用孩童的語言，和他們討論成人關心的世界。

繪者簡介

瑪爾妲 · 碧娜
Marta Pina

1981年出生於西班牙穆西亞自治區的耶格拉鎮（Yecla）

瑪爾妲 · 碧娜經常穿梭在城市的跳蚤市場和傳統市場裡，因此發現了許多奇妙的事物：有黑白插畫的舊書報雜誌、有藝術字設計的海報、美麗的攝影照片，和許多不認識的人。

除了拼貼藝術之外，瑪爾妲也喜歡所有跟印刷這個古老發明有關的東西（雖然印刷沒有民主那麼古老），而且她喜歡研發印刷術的各種可能，讓它變得更加完善（就跟民主一樣）。因為一些知名人物和無名英雄的投入，她的努力有了成果。她小小的出版工作坊，取名「緩慢工業」，這個名稱讓她更能夠遊戲其中、不斷實驗創作。

Thinking 047

什麼是民主
CÓMO POUEDE SER LA DEMOCRACIA

文字與構思｜育苗團隊 Equipo Plantel
繪　者｜瑪爾妲・碧娜 Marta Pina
譯　者｜張淑英

字畝文化創意有限公司
社長兼總編輯｜馮季眉
責任編輯｜洪　絹
封面設計｜Bianco Tsai
內頁設計｜蕭雅慧

出　　版｜字畝文化創意有限公司
發　　行｜遠足文化事業股份有限公司（讀書共和國出版集團）
地　　址｜231 新北市新店區民權路 108-2 號 9 樓
電　　話｜(02)2218-1417
傳　　真｜(02)8667-1065
客服信箱｜service@bookrep.com.tw
網路書店｜www.bookrep.com.tw
團體訂購請洽業務部 (02) 2218-1417 分機 1124

法律顧問｜華洋法律事務所　蘇文生律師
印　　製｜中原造像股份有限公司

出版日期｜2019 年 12 月 4 日　初版一刷
　　　　　2024 年 5 月　　　初版十八刷
定　　價｜300 元
書　　號｜XBTH0047
Ｉ Ｓ Ｂ Ｎ｜978-986-5505-06-6（精裝）

CÓMO PUEDE SER LA DEMOCRACIA
Idea and Text by Equipo Plantel
Illustrations by Marta Pina
Copyright © 2015 Media Vaca All rights reserved.
First published in Spanish by Media Vaca
Chinese complex translation copyright © WordField Publishing Ltd.,
a Division of WALKERS CULTURAL ENTERPRISE LTD., 2019
Published by arrangement with Media Vaca through LEE's Literary Agency